보성다원茶園에서

보성다원茶園에서

김희님 시집

도서출판 두손컵

세월이 깊어가니 "타산지석"입니다
눈에 보이는 모든 만물이 스승 아닌 것이 없습니다
사람도 미물도 나에게 음으로 양으로 깨달음을 주네요
찬바람 앞에 의연하게 서있는 나무를 바라봅니다
나무처럼 살다 가신 감사한 분들이 그리워집니다
참 많은 은혜와 사랑을 받았습니다
네 번째 시집『보성다원茶園에서』를 준비하면서
한결 맑아진 바람이 온화 합니다

지금의 보성다원을 개척하시고
시인으로 화가로 청렴한 일생을
자연의 산림녹화와 조국의 향토발전에 헌신하셨던
존경하는 아버지께 그리고 그리운 어머니께
이 시집을 바칩니다

2025년 가을

英草 김 희 님

제 **1** 부　　다대포 바닷가에서

제2부 동화의 힘

제3부 사람과 사람사이

제4부　보성다원茶園에서

제5부　오늘도 행복합니다

■ 작품 해설

시적 갈망과 시적인 것의 성취

제 **1** 부

|

다대포 바닷가에서

가을 단풍

다행이다 고와서
목마름과 인내의 긴 시간을
이제는 잊어라
이제는 다 잊어라
무던하게 지켜온 순리의
아름다운 겸손이여!
향기의 바람이
쓸쓸한 골짜기마다
황홀하게 꽃을 피운다

구월만큼만 하기를

무더위와 긴 땡볕으로 지쳤어도
다시 희망으로 기운을 내는
구월만큼만 하기를
달이 맑아 하늘이 높고 시원해서
별빛 그윽하게 고요한
구월만큼만 하기를
무던하게 견디어준 열매들의 대견함에
흘린 땀에 칭찬을 해주는
구월만큼만 하기를
아침이 달콤한 향기로 열리고
선선한 밤이면 긴 편지를 쓰는
구월만큼만 하기를
나무를 춤추게 하는 바람도
아프게 흔들지 않는 배려
구월만큼만 하기를
자연의 모든 것에서
일상의 모든 것에서
지나간 모든 경험들에서
사랑과 감사가 은혜로 가득한
구월만큼만 하기를

다대포 바닷가에서

오는 듯 가는 듯
어디로 흘러가나
남해에서도 흐르고
낙동강에서도 흘러와
끝없는 그리움들이
노을에 붉게 물들어간다
여기엔 지금 네가 있고
몰운대에서 불어오는 바람도
고운 너의 숨결처럼
이토록 상큼하고 청정하여
오래오래 머물고 싶은 것인지
언젠가는 원도 한도 없이
우리 함께 흐를 수 있겠지
너와 나 푸른 가슴으로
아름다운 바다가 되고
이별 없는 바다가 되고
영원한 바다가 되고

그런 사람

이럴 때 나에게
위로가 되어준 사람이 있어
얼마나 다행입니까
내 말을 조용히 들어주는
그 사람이 있어
얼마나 감사한 일입니까
나도 누구에게
그런 사람이 된다는 것이
얼마나 따뜻한 일입니까
내가 그런 사람이
되어준다는 것이
얼마나 향기로운 일입니까
우리는 서로
그런 사람이 된다는 것에
기쁘게 감사해야합니다
희망으로 행복해야합니다
함께 사랑해야합니다
세상은 잘못 없이 아프면
안 되는 일입니다

길에서

그래도 기다려본다
앞으로 이런 날이 또 있을지라도
잠시 안개 속에서 기다리면 된다
이럴 때 침묵은
멈춤이 아니고 고요한 행보다
산뜻하게 걸어갈 수 있는
싱그러운 둘레길이다
그리고 안개가 걷히고 나면
어두웠던 길은 다시 밝아져서
꽃이 피어나는 길을 걷고
맑은 달빛이 비추는 길도 걸으며
이렇게 함께 걷는 것으로 소중한
서로에게 고마운 우리가 된다

감나무

햇살도 기도를 보내는
성스러운 계절에
곱게 비우는 나무는 무엇을 꿈꿀까

매서운 태풍과 장마에
기나긴 폭염 속에서
이슬 한 방울에도
꽃을 피워야 했던
두려운 목마름으로
낙화하지 않기를 염원했던
화살 같은 그 세월은
복이었을까
벌이었을까

만추의 해거름에
주름 깊어가는 늙은 까치밥
소슬하게 부는 바람을 달래어 보낸다

이심전심

나를 바라보는
너의 선한 눈빛이
반짝이는 별 같다
맑은 거울을 보면
별이 반짝반짝
나도 빛나고 있다
가슴이 산뜻하다
내가 이렇게 밝게
반짝이는 것은
너의 따뜻한 마음이
내 안에서 함께
숨쉬기 때문이다

하산할 시간

이제는 산을 내려 갈 시간
오를 때보다 더 조심조심
천천히 신중해야지
무모한 도전은 겸허히 접고
채우려 풀꽃도 꺾지 말아야지
나뭇가지도 함부로
흔들지 말아야지
아직 먹을 게 남았거든
베푸는 기도의 손길로
고수레 하고 가야지
정상을 향하여 때론 두려움 없이
굽이굽이 아슬아슬했던 길도
살펴가는 지혜를 가르쳐주었지
벗처럼 함께한 푸른 수목들이 있어
땀 흘렸던 길이 향기롭다

화개장터

옥천사의 보은으로
한파에도 봉긋봉긋
봄이 찾아와 따뜻한 곳
자줏빛 칡꽃이 만개하여
즐겁고 환하다
섬진강 두꺼비도
장터구경 나와 신났는데
전라도와 경상도가
무슨 갈등이 있으랴
칡은 칡대로
등나무는 등나무대로
아름답고 푸르게
잘 살면 되는 것을
쌍계사 십리벚꽃길에서
향기로운 꽃 피어나듯
우리 함께 웃어보세

꽃

너는 나의 꽃이다

맑고 고운 꽃이다

너와 함께 있으면

너의 향기로움에

나까지 저절로 향기로워지는

너는 세상에 하나뿐인

가장 아름다운

예쁜 나의 꽃이다

할미꽃

괜찮다,
좋다,
걱정마라,
하얀 거짓말이
할미꽃 등에 피었다
보랏빛 꿈들이
찬바람 속
마른풀잎 같아도
꽃 속을 어찌
바람인들 알리
뿌리에서 피어나는
무한한 사랑으로
겸허히 머리 숙여
기도하는 꽃

진달래

두견새 울어 꽃이 피면
화무십일홍이라
꽃 떨어지기 전에
동산에 올라가
참꽃 한 아름 따서
두견주 담아야지
반가운 벗 찾아오면
고운꽃잎으로 맛있게
화전도 부쳐야지
소쩍소쩍 왜 우느냐
이 좋은 봄날에
이 좋은 시절에

엉겅퀴

굳센 우리민초들의 꽃
강물처럼 출렁이는 가슴에서
피어나는 향기로운 개화는
생동하는 꿈들이 만들어 내는
인내의 숭고한 축복
혹독했던 비바람을 용서하며
하늘의 순리에 순응하는
참회와 보속의 붉은 보랏빛 제의로
세상을 맑히는 끈끈한 사랑
짓밟혀도 하늘 향해 피어나는
거룩한 부활의 가시관 꽃

개망초꽃

태초에 지상의 별이었을까
개망초꽃이 곱게 피었다
아무리 척박한 땅에서도
한번 뿌리내리면
꿋꿋하게 그 터를 지키는
강인한 생명의 꽃이여
숭고한 모정의 꽃이여
하늘이 주시는 대로 살아가는
향기로운 꽃을 보면서 힘을 얻는다
망국 때 피어나 민중의 가슴에
강한 생명력을 심어준 인내의 꽃
환하게 피어나는 개망초꽃에서
외유내강의 아름다운 삶을 배운다

개나리처럼

다시는 안 볼 것처럼
다시는 안 들을 것처럼
자존심 헝클어지지 않을 것처럼
마음 닫아걸고 있다가도
어쩌다 물어봐주는 안부에
아무 일 없었다는 듯이
해맑게 피어나는 개나리처럼
금방 활짝 환해져서
손 흔들어 반기는

길섶에 핀 제비꽃

진실이란
꼭 확인하지 않아도
다 알 수 있는 것
때가 되면
저절로 피어나는 들꽃처럼
부끄럼 없이 그늘 없이
곱고 평화로운 것
기다리면서 기도하는 것
아무 일 없이
아무 걱정 없이
그렇게
바람이 쉬어가는
길섶에 핀 제비꽃
고운미소처럼

제 **2**부

동화의 힘

얼음새꽃 피어나듯

"사랑해"
세상에 널려있는
가장 흔한 말이다
그렇지만
쉽게 하기 힘든 말이다
가장 듣고 싶은 말이다
내가 누구에게 선뜻 하지 못한 말
누가 나에게 쉽게 해주지 않는 말
하지만
누가 나에게
내가 누구에게
향기로운 이 말을
해줄 수 있고 들을 수 있다는 것은
겨울에 얼음새꽃 피어나듯
온 세상이 환희롭다

눈길을 걸으며

눈길을 걸으면
순백의 눈길을 걸으면
분산한 마음도 잔잔해진다
세월에 부대끼어
헝클어진 가슴도
조용히 가지런해진다
소리 없이 내리는 눈길을 걸으며
진리 안에서 자유로운 길에 대하여
청빈의 눈부신 발자취에 대하여
고요히 성찰해보고 싶다
깨끗한 길 위에 감히
초라한 내 발자국을 남기고 싶다

윤동주 시인

어두운 그 길을 어떻게 걸었을까
두려움 없이 사슴처럼 걸어갔을까
그 숭고한 발자국은 하늘에 남았을까
민족의 빛나는 별들을 기억하기위해
우리는 자부심과 긍지로 꿈을 키운다
세월이 흘러도 잊어선 안 될 이름
사람들은 무엇을 깨닫고자
오늘도 아픈 시를 사랑하는가
부끄럽지 않았던 거룩한 시인
그 이름을 영원히 잊지 않기 위해
맑은 진실을 기억하기 위해
오늘도 별빛 같은 시를 읽고
풀잎하나에서 소중한 사랑을 배운다

지금 그 마음

어제의 찬바람에
연연해하지 않는
저 푸른 소나무처럼
가슴을 펴는 거야
이슬 한 방울에도
꽃망울이 피어나는
꽃잎을 보고
어린아이처럼
기뻐하는 마음이면
행복한 사람이야
언제 어디서라도
은혜로운 사람이야
밝은 그 마음이 행운이야
예쁜 그 마음이 축복이야

김수환 추기경님을 생각합니다

참 좋으신 당신은
참 온화하신 당신은
하늘에서도 웃는 별입니다
세월이 흘러도 우리들 가슴에서
아름다운 희망으로 빛나는 별입니다
모든 사람들이
당신의 빛에 밝아지고
모든 가족들이
당신의 온기가 훈훈해서
화냈던 일을 반성하며
화목으로 즐겁고
고단한 땀을 보람으로 흘립니다
어둠속에서도
희망의 파랑새가 되어주시는 당신
제 옹이진 가슴에
화해의 꽃이 되어주시고
송곳 같은 교만에
겸허의 강물이 되어주십니다
언제나 밝고 맑은 별로 빛나시는
늘 웃고 계시는 김수환 추기경님!
마음이 추워질 때면 더욱 그립습니다

맑고 향기로운 법정스님께

송광사 후박나무 아래서
한참을 놀다왔습니다
만드신 나무의자도 보고
맑은 햇살이드는 청량한
무소유 길도 걸어보았습니다
이렇게 스님의 향기를 느끼면서
자신의 삶을 반성하며
조금이나마 때를 씻어낼 수 있는
시간을 가질 수 있다는 것이
얼마나 큰 은혜입니까
마음이 분산해질 때면
스님이 남기고 떠나신
소중한 책을 읽어 봅니다
맑은 샘가 보리수 그늘에서
저도 희망으로 소박한 꿈을 꿉니다
스님이 곁에 계시지 않아도
그 거룩한 향기가 이렇게 고요하게
삶을 정화시켜준다는 것이
현재를 살아가는 사람들에게 큰 복입니다
언제 또 고향에 갈 일이 생기면

후박나무 아래에 가서
명랑한 새소리 듣고 오겠습니다

이해인 수녀님의 시

틈틈이 독서를 즐기는 언니가
요즘은 시를 읽지 않는다고 했다
무슨 의미인지 가슴에 와 닿지 않는
시는 읽기 싫다고 했다
보통 사람이 읽을 수 있는 시는
점점 사라지고 어려운 언어로 쓴 시는
특수층의 책이 되어간다고 했다

일상에 지쳐 마음이 쉬고 싶을 때
이해인 수녀님의 시를 읽으면
살아가는 지금이 참 감사해서
마음이 저절로 밝아진다고 했다
맑은 달빛처럼 향기로운 꽃의 숨결처럼
시는 그렇게 영혼의 번짐으로 읽는 시가
좋은 시 아니냐고 했다

세계적으로 유명한 소설가는 지금까지
글을 쓰면서 가장 보람을 느꼈을 때는
"열여섯 살 소녀가 내 소설을 읽으면서
단 한 번도 단어를 찾아보지 않고

재밌게 읽었다는 전화를 받았을 때" 라고 했다

아직 성당을 다니지 않는 언니가
청청한 샘물 같은 이해인 수녀님의 시를 읽으면
저절로 마음이 평온해진다고 하면서……

바다가 궁금해

푸르고 넓은 바다가 궁금한
어린 손주들이 해양박물관에서
대형 수족관 속 즐겁게 헤엄치는
가오리와 신기한 물고기와 생물들
시뮬레이션을 통해 유람선도 체험해보고
신비한 바다 이야기도 듣고 신이 났다
지금,
우리의 생명인 바다는 심각하다
수질 오염으로 해양 생태계의 파괴
무서운 파도와 지진해일의 위험
물고기떼의 죽음과 검게 변해가는
아픈 바다를 이렇게 바라만 봐야 하나
우리 후손들에게 물려줄
아름답고 소중한 희망의 바다를 위해
지금부터라도 환경오염을 막아야한다

황혼의 사랑

농촌이나 어촌이나 산촌에 살지 않아도
육해공 생물에 유창한 도시의 새싹들
물고기도 새도 동물도 동화 속 공주도
로봇 이름도 공룡의 이야기며 음악도
손주들은 할머니도 아빠, 엄마처럼
모든 것을 다 아는 줄 알고 질문을 한다
그때마다 인터넷을 찾아보지만
할머니도 체면이 있지……

다음에 만나면 재미난 이야기를 들려주리라
따뜻한 꿈으로 이런저런 지식을 탐구하는
할머니의 마음은 마냥 즐겁다
똑똑한 손자가 관심 많은 공룡도 알아보고
예쁜 외손녀에게 들려줄 동화도 읽어보고
귀여운 외손자가 좋아할 장난감도 살펴보고
반짝반짝 자라나는 귀여운 손주들 사랑으로
할머니의 하루는 너무나 짧다

나의 팬

나에게도 팬이 생겼다
아주 잘생긴 미남
새 시집이 나오면 읽어보면서
친구들한테 준다면서
소중하게 챙긴다

내 시를 좋아하는
예쁜 팬을 생각하면
더 좋은 시를 써야겠다는
힘이 생기고 행복하다

똑똑하고 귀여운 내 장손!
늘 건강하게 잘 자라라
할머니가 많이많이 사랑해!

내 편

세 살 외손녀가
엄마가 응석을 안받아주면
고개를 푹 숙이고 방으로 들어가서
할머니 들으라고
"마음이 슬퍼요 할머니!" 한다
그러면 외할머니는
"우리 예쁜이를 누가 그랬냐" 하고
얼른 안아주면 금방 기분이 좋아진다
어린아이도 위로 받고 싶어서
내 편 들어줄 할머니를 부른다

언제 어느 때라도
내 맘을 진솔하게 털어놓으면
이것저것 잘잘못 따지지 않고 무조건
내 편 들어주는 든든한 지원군이 있다면
살아가는 일상이 신날거야

웃을 일

어린 손주들 노는 이야기하다가
행복해서 웃는다
별로 웃을 일도 없는 고즈넉한 일상을
귀여운 손주들이 놀다 가면
눈에 아른거려 웃는다
자식들은 한수 더 떠서
잘생긴 외손자가
외할아버지 닮았다고 띄운다
귀엽고 예쁜 손주들
몸도 맘도 할아버지 할머니의
아픈 것은 절대 닮지 말고
무탈하게 잘 자라라고
기도하며 웃는다

딸

결혼한 딸이 알뜰하게 검소해도
어쩐지 내 맘이 짠하다
타고난 피부가 깨끗하고
체형도 변함이 없다며
변변한 화장품도 없이
옷도 잘 사 입지 않는
딸을 가만히 바라보면
칭찬하는 맘보다는
내가 너무 소박하게 키웠나 싶어
어쩐지 미안해진다
초등학생 외손녀가
"엄마 흰머리 있어"하는데
옆에서 새치라고 말하는
내 마음이 괜시리 씁쓸하다
딸도 중년으로 접어든다
세월은 번개 같고
이젠 조금씩 힘없어진 친정엄마
못해준 마음만이 애잔하다

따뜻한 카리스마의 남자

한창 공부하는 아들과 몇 달 떨어져 지냈다
엄마를 만나려고 부산에서 서울에 온 아들이
부산 집에 내려가면서 입던 티셔츠하나를 빠뜨리고 갔다
전화로 보내줄까 물으니 일부러 엄마 옆에 놓고 왔단다

아들 냄새가난 옷을 내 옷 옆에 걸어놓고
날마다 결심을 했다 어서 일어나 기운을 내자고
아들은 세월이 흐른 뒤 지난날을 회상했다
부산 오는 열차에서 눈물이 났다고
아마도 야윈 엄마가 낯설었나 보다

언제나 바르고 온화한 아들의 별명은
직장동료들이 지어준
"따뜻한 카리스마의 남자"
멋진 내 아들!
오늘도 홧팅!!!

신은 공평하시다

학창시절엔
키가 큰 친구가 부러웠다
나팔바지가 잘 어울리는 늘씬한 친구

나이가 드니
그 친구는 내가 좋아 보인단다
아담해서 보기 좋다고
살아온 고만고만한 세월이 번개 같다

요즘 아들이 하는 말
엄마가 몸이 크지 않아서 좋단다
아프면 얼른 업고
병원으로 뛸 수 있겠다고

동화의 힘

옛날 초등학교 국어교과서에 나오는
재미있는 동화는 어른이 되어도
잊히지 않는 삶의 교훈이 된다
오랜 세월이 흘렀어도
그 시절이 즐겁고 그립다
초등학교 교육이 얼마나 소중하고
삶에 많은 영향을 주는지
나는 그 시절에 읽었던 동화에서
지금도 내 인생의 답을 찾는다
요즘은 더 다양한 양서가 많다
어린이들의 성장을 맑고 튼튼하게 잡아주는
동화책이 집 근처 도서관에 가득하다
어린 시절 좋은 책을 읽는다는 것은
어른이 되어서도 밝고 바른 삶을
살아갈 수 있는 질서의 힘이 된다
밝게 피어나는 희망이 된다

제 3부

사람과 사람사이

나의 길

지금 내가 걷고 있는
나의 이 길도
지금 누군가는
소망일 수 있다
지금 누군가는
간절한 꿈일 수 있다
길이란 묘해서
안 가본 길은 꽃길만 같고
나에게 주어진 길은
때론 고단하고 아득하다
내가 가고 싶은 그 길을
지금 걷고 있는 사람들
모두가 행복할까
모두가 만족해할까
한번 물어볼 일이다

나의 수호천사

사람에게는 누구나
감사한 수호천사가 있다
나의 행복을 위해 기도하고 있는
내 눈에는 보이지 않아도
하늘에 계시는 조상일 수도 있고
하늘 아래 그 누구일 수도 있다
누군가 나의 행복을 위해
기도를 해준다고 생각하면
얼마나 은혜로운 삶인가
세상을 살아가면서
내가 사랑하는 사람을 위해,
나에게 가르침을 주었던
고마운 사람을 위해,
무심코 했던 내말이
상처가 되었을지도 모르는
미안한 그 사람을 위해,
언제나 행복하기를 바라는 기도가
이렇게 순간순간 나오는 것처럼
나를 위해 기도하는 사람은 꼭 있다

선택

무작정 다가가지 않기를
함부로 따라하지 않기를
쉽게 물들지 않기를 잘했어
좋아 보인다고
멋져 보인다고
화려해 보인다고
다 좋은 것 아니야
때론 단념이나 포기가
삶에 교훈으로
번뇌를 줄여주었어
지금 생각해보면
참 다행이야

사람과 사람사이

서로 함께하다보면 닮아간다
자주 함께 어울리다보면
그 사람처럼 될 수도 있다
현명한 인간관계가
내 인생을 좌우 한다
지금 함께 지내고 있는
그 사람과의 관계도
내 삶의 여행길에서
나의 향기로운 숲이 될 수도 있고
나의 어두운 늪이 될 수도 있다
물들기는 쉬워도
얼룩을 지우기는 쉽지 않다

영끌족

세상은 온통 사랑이죠
새들도 사랑으로 둥지를 트는데
하늘아래 사랑 아닌 것이 없어요
사랑이 온 세상에 가득한데
왜 이렇게 사랑이 어려울까요
주고 싶은 사랑은 유죄이고
받고 싶은 사랑은 무죄일까요
사랑도 황금빛에 환하게 빛나고
사랑도 세월 따라 유행 따라 변해가네요
사랑인 듯 하면서 아닌 사랑에
영혼까지 몸살로 열꽃이 피네요

내 생일을 맞아

벌써 이렇게 나이를 먹었다
그래도 아직 할 일이 있어 다행이다
나이 들어가는 것이 벼슬도 아닌데
이제는 벼슬자리에 욕심을 내고 싶다
쉽게 오를 수 없는
온화의 벼슬
화목의 벼슬
이해의 벼슬
사랑의 벼슬
긍정의 벼슬
노력하고 공부하여 꼭 벼슬길에 올라서
정1품 평화의 정승쯤으로 살아보고 싶다

神仙

나이 들어갈수록 마음이 고요해지며
미운 사람 없이 혼자 잘 놀 수 있고
경망하지 않도록 차분한 언행으로
분수에 맞지 않는 욕심을
버릴 수 있는 용기로 살아간다면
가장 평온한 삶이 아닐까

"하루라도 마음이 맑고 깨끗하고 편안하다면
그 하루는 신선이 된 것이다"
명심보감의 명언에 내 스스로
가을 나뭇잎처럼 곱게 물들여질 수 있기를

맑은 달빛 같은

파도치는 세월을
묵묵히 걸어온 사람
그래도
푸른 수목처럼
향기로운 사람
언제나
자신의 언어가
그대로 삶인 사람
그래서
내가 닮고 싶은 사람
함께
소슬한 가을 길을
걷고 싶은 사람

열차가 온다

승강장으로 열차가 들어온다
사람들은 탑승을 하고 목적지에 도착하면 내린다
열차는 그 시간에 오고 그 시간에 떠난다

새해가 온다
또 한해가 간다
세월은 오고 갈뿐
오고가는 세월은 아무 탓이 없다

승강장으로 열차가 들어온다
바쁘게 달려왔는데 날 두고 가버린다
열차는 기다려주지 않는다
세월은 머물러주지 않는다

다시 오지 않는 오늘이
벌써 저만치 떠나가고 있다

말해주세요

말 많은 세상이다
들어서 좋은 말은
마음에 담아만 두지 말고
많이 해줘야 한다
용기를 주는 말 한마디가
아픈 생명을 살릴 수도 있다
그 사람이 떠나가고 나면
내가 떠나오고 나면
그 사람에게 해주지 못한
그 따뜻한 말 때문에
오래오래 가슴이 아프다

구름의 기도

다시
돌아갈 수도 없는 날들
정처 없이 흐르는
눈물 머금은
하얀 구름

너는
밤하늘 빛나는 별이 되어라
나는
끝없는 강물 되어
너를 안고 흐를게

그리운 별

누구나 가슴에
그리운 별 하나 있지요
당신의 별은 어디에 있나요
하늘에서 반짝이나요
꽃밭에 피었나요
바다에 두둥실 떠있나요

오늘도 씩씩하게 살았던
그대와 눈 맞추며 웃는
빛나는 저 별을 보아요
내일은 더 행복해야한다고
미소를 보내고 있어요

그리움 너무 흘리지 말기로 해요
반짝이는 별이 함께 울어버리면
세상이 어두워서 어찌하려고요

낙타 그림자

무엇을 꿈꾸었을까
차마 놓지 못하고 걸어가는
짐들을 벗어버리고 싶었을까
그대는 그대를 위해서
단 한번이라도 맘껏 웃어보았을까
단 한번이라도 맘껏 울어보았을까
단 한번이라도 폼나게 걸어보았을까
그 아득한 길에서
그대를 위한 시간은 무엇이었을까
스스로를 보상하는 체념은
누구를 위한 최선이었을까
한줄기 스쳐가는 바람은
쓰린 땀을 위로해주었을까
잠들지 않는 별들은
어둠 속 길을 밝혀주었을까
희망의 포효로 신을 부르는
그 절박한 자유만이 그대의 것
그 두려운 멈춤만이 그대의 것

슬픔에게 용서를

언제쯤이면
이 슬픔이 엷어질 수 있을까요
살면서 겪게 되는 허망한 이별과
남아 있는 사람들의 아픈 슬픔은
세월 말고 다른 위로는 없는 것일까요
떠나보낸 사람들에게 이런 아픔이 온다면
누구라도 이별을 원하지 않겠지만
피해갈 수는 없을까요

이런 바람을 믿어도 될까요
나로 인해 울지 않기를
나로 인해 슬픔이 없기를
나로 인해 아프지 않기를

그래요
저도 지금 울지 않아야 맞지요
저도 지금 슬퍼하지 않아야 맞지요
언젠가는 다시 만나지는 것이니까
이렇게라도 위로를 받고 싶어요

슬픔이여 용서해주세요

그 봄

다시 오지 않는
그때 그 봄
몹시 그립다
너무 미안하다
다시 되돌아 갈 수만 있다면
얼마나 좋을까
내가 미워지는
그 봄
지금 비가 내린다
그땐
참 화창했는데......

거울

너는 지금도 속고 있어
너는 겉만 보잖아
너 앞에서는 아주 화사하게
가장 평화로운 미소를 짓고
멋진 폼을 잡고
길을 나서지만
진짜 가슴속도 그럴까
세상 사람들은
서로의 거울이면서
서로의 벽이야
거울 앞에서 보여주는
그럴듯한 위선의
영혼 없는 미소는 우아하지
다 겉은 준수하니까

제 4 부

보성다원茶園에서

양서 한 권

한권이면 충분하다
양서 한권의 교훈을 실천만 한다면
그것으로 삶은 넉넉하다
인생의 길을 걷는 지혜
사람들과의 관계와 소통
내 정신을 맑혀주는 양서 한권이면
삶이 그런대로 충만하다
그러나 그 한권이 주는 교훈과
길의 향방을 알려고도 하지 않고
자신의 욕심이나 고집으로 걷다가
상처받고 방황을 하고 원망하며
길이 보이지 않는다고 세상 탓을 한다
강물 같은 인생을 굽이굽이 살면서
단 한권의 소중한 양서를
내 삶의 지침서로 삼아
깨닫고 그리고 실천했다면
나는 나에게 오는 어려움들을
덜 겪었을 것이다

중앙도서관에서

내가 조금씩 정화되기를
맑은 이념이 내 안으로 들어와
내 가슴이 희석이 되어
차츰차츰 서서히 조금씩
역사 속 현자들의 인품
그 향기에 물들 수 있기를
현실과 비록 먼 얘기일지라도
정신만은 고결하기를

도서관에서 맑은 책을 읽고
옛 선비들의 정취를 느끼면서
그 향기에 마음이 고요해진다
소란한 거리를 걸어도
불안이나 걱정이 생기다가도
스스로 잔잔해져오는 기분에
그저 감사하고 평온하다
내 소박한 일상에
따뜻한 위안이 된다

보성다원茶園에서

삼나무 숲길을 걸어봅니다
흐린 마음이 저절로 맑아집니다
이렇게 명랑해질 수 있다는 것이
푸른 자연의 은혜입니다
오늘도 태양은 떠오르고
그리고 바람이 불고
어쩌면 비가 내릴지도 모르지만
무슨 걱정입니까
비가 내리면 숲은 더 빛나겠지요
나뭇잎지고 하얀 눈꽃이 피면
또 얼마나 맑고 예쁜 모습입니까
언제라도 청정한 향기로 반겨주는
다원의 삼나무숲길을 조용히 걸으면
희망으로 빛나는 어린 새처럼
모든 것에서 첫 마음이 됩니다

아버지의 애국

"너희 아버지가 도청공무원이셨을 때
절대 친일은 못한다고 그 좋은 조건들
다 버리고 빈손으로 보성으로 오시니
논이 있것냐 밭이 있것냐
어린자식들은 키우고 가르쳐야지
이 엄니는 그저 막막했다
너희 작은아버지가 일제징용으로 끌려가신 후
지금까지 생사조차도 모르고 있으니 얼마나 슬픈 일이냐
할머니께서는 홧병으로 마흔에 돌아가시고
일본으로 잡혀가시던 그날을 제삿날로 정했다"

"우리아버지께서는 산림공무원으로 일하시면서
청렴한 일생을 조국의 향토발전과
자연산림녹화를 위해 헌신하셨지요
지금의 청정한 아름다운 보성다원도
향기로운 삼나무숲길도 아버지의 정성으로 이루셨지요
언젠가 아버지께서 제게 말씀해주셨어요
아버지가 청백리 정신이 없었다면
그 시대에 장관은 했을 것이다 하시면서
아버지랑 함께 근무했던 사람이 정부부처장관인데

놀러오라고 해도 안 간다고 하셨어요"

존경하는 그리운 아버지! 어머니!
저도 잘 살다가 아버지, 어머니께 칭찬 받으러 갈게요
그럼 그때 하늘나라에서 다시 만나요

우체부 시인

내 친정집에 우편물 배달을 하다가
나에 대해 알게 되었다고
고향에서 시인이 연락이 왔다
애향심이 투철하고 고향후배들을 위해
봉사정신으로 재능 기부에도 솔선수범 하는
시인은 오늘도 다양한 지역문학행사에
열정과 최선으로 즐겁게 임한다고 했다
연로하신 어머님을 모시고 농사도 지으면서
시를 쓰고 우편배달도 하는 효자시인
문정희 시인께서도 칭찬해주신
보성의 이강율 시인!
녹차처럼 맑은 향기로운 작품으로
고향의 문학 발전에 더욱 힘써주시고
건강과 행복이 함께하시길 기원합니다

석 잔의 녹차를 마시며

이강율

싱그러움 가득한 보성다원에서
한 잔의 녹차를 마시면
내 마음 묵은 때를 씻어내고
신선한 차향을 채우네

초록으로 눈부신 보성다원에서
두 잔의 녹차를 마시면
새해 아침 태양으로 물든
희망의 에너지를 내뿜고

바람 산뜻한 보성 다원에서
석 잔의 녹차를 마시면
익어진 마음들이 차곡차곡
고운 빛으로 물들여지네

사는것이 별거라요

아직 어두운 새벽
큰 소나무 울창한 절 골을 지나
맹감덩굴 우거진 잔실언덕을 넘어
서당골 아랫둠 가뭄 든 논에
드디어 물내려가는 소리가
막힌 숨 뚫린 것만 같아서
산신령님께 감사하며
어둔 논둑에 앉아
앞으로 살아갈 날을
들꽃향기로 달래며
자식들 꿀잠자고 있는 가는골 집으로
이슬 가르며 총총 걸음이시다
"사는것이 별거라요
자식들 배 안 굶기고 사는 것이제"
땀에 젖은 엄니 얼굴에
여명의 빛이 희망처럼 밝아온다

이럴 때

막상 갈 곳이 없을 때 있다
내 맘을 시원하게 털어놓고
얘기 나눌 사람이 없을 때 있다
내 폰에 그 많은 이름들이 있어도
만나자고 말할 벗이 없을 때 있다

우리 어머니는 이럴 때 없으셨을까
이럴 때 어머니는 호미 들고
들에 가서 풀매시며 풀과 얘기하셨을까
밭을 매며 열매들과 얘기하셨을까

먹이고 가르칠 자식들 근심으로
하루하루 고단한 일상에 묻혀
이럴 때 조차도 없으셨을까

텃세

못된 갑질이다
옛날에도 텃세가 심했다
동네에서 깡패 행세를 하는 사람들이 그랬다
남의 전답을 거저먹기로 빼앗고도 뻔뻔하게
동네 사람들을 낮은 인건비로 부려먹곤 했다
사람들은 폭력이 두려워서 신고는커녕
오히려 피해자가 입을 다물었다
요즘도 직장이나 학교에서 발생하는
왕따와 갑질의 폭력이 큰 사회문제다

"선한 끝은 있어도 악한 끝은 없다"
여기서 끝은 희망이다
사람을 괴롭히고 마음이 불량한 집은
후손들도 조상의 은덕이 없어서인지
보고배운 것이 그뿐이라서 그런지
올바르게 살지 못한 집 여럿 보았다
세월이 흐르고 세상이 변해가도
선과 악의종말이 흥망성쇠로 나뉜다는 것은
하늘이 내리는 세상이치다

여유

조금만 기다려 봐
더 조금만 기다려
그럴리 없어
아니야 아닐거야
설마 그랬겠니?
믿고 기다려봐
오해일 수 있어

그것 봐
큰 일 날 뻔 했잖아!
참고 기다리길 잘 했네
그래 그렇다니까
기다리지 않고
섣불리 화살 쏘았다면
어쩔 뻔 했니?

친구

얼마나 고우냐
우리의 추억
얼마나 예쁘냐
우리들의 봄
그래서
그리움도
때론
슬픔도 기쁨도
서로 위로 받고 박수 받으며
다 얘기할 수 있어서
간직 할 수 있어서
우리는 다정한 가슴끼리
은빛으로 피워내는
향기로운 꽃

우리가 벌써

이렇게 무심한 날들도
그저 그러려니 하는 것이
서운하지 않은가
무소식이 희소식이라고
위로하고 사는 일상이
쓸쓸하지 않은가
고향친구의 이별 소식에도
그저 받아들이는 현실이
서글프지 않은가
그러다
모처럼의 전화를 받지 않으면
걱정으로 뛰는 가슴이
안돼 보이지 않은가
반은 순리를 따르고 반은 체념으로
살아온 날보다 살아갈 날이
더 짧아져서 이러는가

가을 회상

가을이 하늘로 가득하다

가을, 하고 가만히 속삭이면
가을이 그리움으로 온다
가을로 물든 들길을 걸으면
가을이 하나둘 비움을 가르쳐주고
가을날엔 또 그 가을을 생각하게 한다
깊어가는 끝물 논에 부평초처럼
가을이 되어서야 이 마음이 가벼워져서
가을에는 가장 정직한 기도를 하게 된다
가을이 되면 이렇게 조금씩 철이 들어가고
가을엔 너에게 미안한 내 마음이 흐른다

心身一如

왜 이렇게 춥지?
옷을 껴입어도
방을 따뜻하게 해도 춥네

걱정하지 말라는 전화를 받고 나서야
몸이 따뜻해져온다
걱정으로 뭉쳐진 가슴이 얼음 이었구나

운명이란
"스스로 만들어간다"는 명언을
다시 가슴에 담고
오늘도 마음을 먼저 다스리는 지혜로

몫

몇 번의 배려로
다시 몇 번의 약속을
그리고 몇 번의 기다림
이래도 저래도
믿는 사람이 또 믿어보는 것
혼자 몇 번의 기대와
또 몇 번의 약속으로
몇 번의 인내는
믿고 있는 사람이
다시 믿고 싶은
스스로 만든 위안의 몫
스스로를 지키고 싶은
고요한 위로

어려운 공부

청년시절엔 나이를 먹으면
더 멋져지려니 하고
더 속지 않으려니 하고
더 현명해지려니 하고
그리고 더 어른이 되면
참지 않아도 되려니 하고
뜻대로 해도 되려니 하고

나이 들어가니 젊은 시절보다
더 신중해야 하고
더 배려해야 하고
더 절제해야 하고
더 질서를 지켜야 하고
더 예의를 갖춰야 하고
더 침묵해야 하고……

복 그릇

사람마다
타고난 복 그릇이 있다면
나의 복 그릇은 무슨 그릇일까
어느 선비의 소박한 밥상에서
귀한 대접을 받는
오래오래 아끼고 싶은
따뜻한 밥그릇일까
향기로운 꽃 그릇일까
모나지 않는 맑고 고운
달 항아리를 닮았을까
산해진미가 담긴
황금으로 만들어진 그릇이라고 해도
은혜롭지 못한 그릇이면
무슨 복 그릇이랴
삼신할머니가 주신 나의 복 그릇이
감사가 가득담긴 큰 그릇이기를

버들잎 하나

나주 어느 우물가에 버드나무
목마른 왕건과 장화왕후가 아니라도
지나가는 나그네 물 한바가지 청하면
급하게 체하지 않게 버들잎 하나 띄워주던
여유와 풍류는 점점 사라져가고
모든 것이 편리하고 빠르고 급한
초고속의 시대를 살면서도 사람들은
더 조급해지고 더 빠른 것을 갈망한다
더 높이 더 빠르고 더 간편한 세상에서
탄소배출로 꽃과 수목들도 마스크를 써야겠지
급체한 지구가 아파서 걱정이다

제 **5**부

오늘도 행복합니다

감포 밤 바닷가에는

문무대왕암이 장엄한
잔잔한 푸른 바다엔
방생으로 자유로운
바다 생명들이 출렁이고
다시는 죄의 슬픔이 없기를
소복으로 펄럭이는
작은 기도의 방 마다엔
그리움을 위로하는 촛불과 향들이
바다를 향해 피어오른다
어디서 들리는 듯 대종소리가
감포의 설화 속으로
바다 사람들을 끌어들일 때
외로운 별들의 춤사위인양
하얀빛으로 밀려오는 파도는
막연한 그리움을 안고
수평선너머로 멀어져간다

오지 않는 전화

오지 않는 전화를
기다리면서 생각해요
전화가 오지 않을 땐
그럴만한 이유가 있겠지요
나도 알지 못하는
나의 잘못이 있을 수도 있고요
무심하다고 미움이 되었다가
별고 없는지 걱정으로 변하고
서운하던 내 마음이
오히려 미안해지기도 하고
이만하니 더 무얼 바라냐고
스스로 감사하고
기다려도 오지 않는 전화가
가끔은 고맙네요

하얀 거짓말

거짓말도 반가운 나이가 되었다
오랜만에 만난 친구끼리도
"여전히 곱다, 좋아 보인다"
당연히 진심이 아니지만
이렇게 말을 해주니 반갑고 고맙다
거짓말이 아니고 배려라고 생각하면
이렇게 말을 해준 친구가 더 어른스럽다
나이가 들어가니 적당한 칭찬이 좋다
꼭 정직한 대화가 아니라도 괜찮다
이미 자신에 대해 다 알고 있으니
기분 좋게 해주면 그 배려에 고마워서
더 잘하고 싶고 용기가 생긴다
그런 친구에게 맛있는 밥을 사주면서
살아온 세월을 도란도란 이야기 나누고 싶다

가을

땀으로 익어진 여문 보람으로
당신을 생각하면 기쁨이 넘칩니다
제 곁을 떠나지 않고 지켜주신
당신을 생각하면 행복이 가득합니다
섣불리 익어지지 않도록 잘 다독거려주신
당신을 생각하면 감사함이 샘솟아납니다
물러져서 터져버리지 않게 제 손을 꼭 잡아주신
당신을 생각하면 포근하여 평온합니다
하마터면 긴 장마와 긴 폭염으로
낙화하여 꽃도 피우지 못할 뻔 했습니다
싱그러운 푸른 잎이 다 녹아버릴 뻔 했습니다
만약 당신이 제 곁에 계시지 않았다면
청명한 이 가을에 맑은 하늘빛으로
단 하나이신 빛나는 당신의 사랑을
이토록 즐겁게 노래할 수 있겠나요
좋으신 당신의 지극하신 사랑에 감사드립니다

초연으로

그냥 침묵 할게요
우리가 무엇을 원하는지 다 알아요
서운하지 않는 것
바라지 않는 것은
어쩌면 쓸쓸한 일이지만
바위섬이 파도를 미워하지 않듯이
아무것에도 모든 것에서
누가 가르쳐주지 않아도
세월의 물결은
스스로 잘 알아서
조용히 흘러갑니다
지금의 걱정도 두려움도
깊은 곳에서 출렁이는 희망도
서로가 알 수 없다는 것은
절대 섭섭한 일이 아닙니다
다만 그런 일들이 좋은 일로
나아가기를 기도하는 마음만은
늘 함께하니까요

빛과 어둠

미미한 빛도
어둠 속에서는 찬란하다
그대가 빛난 것은
어둠이 있어 빛나는 것이다
양지에서 빛은 희미하다
어둠이 없었다면
이토록 빛날 수 있었을까
그대가 순탄한 삶만을 누렸다면
존경으로 빛날 수 있었을까
희망의 빛으로 반짝였을까
어둠 속에서만이 빛은 눈부시다
눈물이 진주로 영롱한 값진 이야기들
그래서 여기까지 버틸 수 있었던
나에게 머물렀던 어둠에게
이제는 따뜻한 화해를

산 까마귀야

승학산 편백나무 위에 까마귀야
너를 어찌 하려는 것도 아닌데
높은 나무 꼭대기에 앉아있구나

네가 내려다보는 세상은 어쩌드냐
검은 속을 하얀 분칠로 가렸드냐
하얀 속을 겉이 검다고 몰라주드냐

네가 보는 나는 어쩌드냐
잘 알지도 못하면서 소문만 듣고
검다고 하드냐
내 흉 모르고
남 검은 것만 보고 있드냐

솔개

꿈결 같은 구름
향기로운 바람 속에서
설렘보다는 두려움이 더 큰가요
그 많은 창공을 살아냈는데
인내의 부활 새 꿈으로 빛나는
더욱 가벼워진 날개를 믿어요
아픔을 견디며 다시 피어나는
그 용기와 희망을 믿어요
강을 지나고 산을 넘거든
곱게 흔들리는 꽃잎과
바람 함께 불러와 노래해요
이제는 그렇게
쉬엄쉬엄 노닥노닥 가는 것이
가장 멋진 비상입니다

등

네 등으로
석양빛이 곱다

야윈 어깨로
지나온 회한일까

날마다 조금씩 굽어져 갈
너에게 기도를 보낸다

힘들어도 당당하게
곧게 펴고 살기를

오늘도 행복합니다

당신을 생각하면서
아름다운 음악을 들어요
순한 착한 일을 생각하고
따뜻할 내일을 설계해요
그리고 나무를 사랑하고
풀잎과 얘기를 하고
별을 보면서 꿈을 키워요
아침이면 태양 앞에서 희망의 노래도 부르죠
오늘도 나를 기쁘게 해주시는
당신의 온화한 미소를 그리며 저도 미소 지어요
당신은 웃는 제 모습을 예뻐하시죠
거울을 깨끗이 닦고
환한 얼굴도 환한 마음까지도 비춰보죠
당신 앞에 있을 때 그 황홀한 설렘을
경건한 예의로운 말씀과
평화로운 바다가 출렁이는 소리
저는 가난도 두렵지가 않지만
당신에게 미움을 탈까 그것이 두렵죠
당신과 멀어질까 그것이 두렵죠
당신과 영영 만나지 못할까 그것이 두렵죠

제가 당신과의 약속을 지키지 못할까 그것이 두렵죠
제가 누추해져도 초라해져도
당신이 계시니 든든한 힘이 생겨나죠
세상에서 가장 빛나는 보석이 제 가슴에 가득하죠
오늘도 산들바람이 불고 냇물은 흐르고
산에서는 예쁜 새들이 날고
이렇게 아름다운 날도
제 안에 당신이 안 계신다면
즐거운 아침 인사도 잊고 살겠죠
춤추는 나비도 날지 않고 슬픔에 젖어있겠죠
향기로운 꽃에 입맞춤도 하지 않겠죠
기쁜 편지도 쓰지 않겠죠
오늘도 소박한 소망으로 시작되는
환희로운 새 날은 당신이 계시기 때문입니다
당신이 저를 사랑해주시기 때문입니다
제가 당신을 사랑하기 때문입니다
제가 당신께 익지 하면서도 어쩌면
푸른 하늘에 흐르는 흰 구름처럼 정처 없을지라도
제 영혼은 당신 품에서 신나게 뛰놀기를
철없는 아이처럼 아무 걱정 없기를
사랑이신 주님께 기도합니다.

새벽 기도

날마다 온유한 삶을 살기 위하여,
불안과 걱정에서 자유롭기 위하여,
좋은 글과 좋은 말씀을 귀담아 들으며
특별하지 않는 오늘에 감사드린다
이른 새벽에 눈을 뜨니 밖은 아직 어두운데
숲에서 들려오는 풀벌레들의 소리가 정겹다
일찍 일어난 것일까 밤을 샌 것일까
이럴 때 자연의 속삭임마저 없다면
이 시간이 얼마나 적막할까
이 공간이 얼마나 무거울까
생명의 맑은소리가 위안이 되고
작은 것들이 정겹고 예쁘다
오늘도 이렇게 하루가 열리고
나는 주어진 오늘에 충실하면서
어느 시간에 어느 공간에서
또 아름다운 것에서 위로를 받고 힘을 얻고
반성을 하며 순하게 지내게 될까
서로에게 따뜻한 존재가 되어준다는 것은
하느님 보시기에도 좋은 모습이겠지
좋은 모습은 좋은 관계를 만들고

좋은 시간들을 서로 공유하며
좋은 질서를 지켜 나아가는 것이니까
내 소소한 배려의 언어 하나하나가
누군가에게는 잔잔한 위로가 될 수도 있다는
착해진 마음으로 활짝 창문을 열면
평범한 오늘이 고맙고 소중하다
새 날이 평온하게 밝아온다

우리

함께 있어도 알지 못 했어
우리 안에 향기로운 숲이 있다는 것을
우리 안에 맑은 우물이 있다는 것을
서로가 말은 하지 않아도
가슴으로 흐르는 뜨거운 의지가
용서와 평화의 강을 이루었으리라
정직한 인내의 바람이었으리라
세월을 지키며 살아온
그 무던한 오랜 바위
우리 믿음의 기도였으리라

시적 갈망과
시적인 것의 성취

시적 갈망과 시적인 것의 성취
– 김희님 제4시집 『보성다원茶園에서』를 읽고

변 종 환

(시인·부산광역시문인협회 제16대 회장)

우리는 늘 현실에 붙박여 산다. 매일 먹을 것을 마련해야 하고 오늘 할 일을 계획해야 하며 일을 마친 저녁엔 무엇을 할 것인지, 자투리 시간에는 어떤 일을 해치워야 하는지 생각한다. 노동 후 휴식은 늘 부족하고, 있다고 해도 쫓기듯 맞이한다. 그러나 우리는 경황없는 현실에서도 가끔 이 현실을 넘어가는 무엇을 떠올리기도 한다. 나날의 생계에 쫓기면서도 생계 너머의 어떤 것이 있고, 또 그런 무엇이 있기를 기원한다. 나와 네가 스스럼없이 어울리고 우리와 그늘이 모욕과 수지羞恥를 야기함 없이 만나는 곳, 여하한 믿음이나 견해 차이를 넘어 교류할 수 있는 어떤 상호 이해의 공간이 있을까? 그런 평화로운 공존의 장소가 과연 지금 여기에 있을까? 그런 이상적 공간은 좀 더 적극적으로, 시 혹은 문학이나 예술에서 상상적으로 추구되는 종류의 것이 될 것이다. 니체가 말했듯이 더 나은 현실은 오직 '심미적으로만' 실현될 수 있을지 모른다. 그렇다면 그 현실은 꿈의 공간이고 시의 공간이며 예술의 공간이다. 그것은 시적인 것의 세계다.

그러나 현대의 우리는 과학적 세계관으로 이 세상을 보기 때문에 편리한 추상적 형식으로 세상을 알게 되지만 그 대신 엄연히 실존하여 없어지지 않는 구체적 사물들로 이루어진 이 세계를 놓치고 마는 어리석음을 범하고 있다. 근대 과학의 발달로 말미암아 빚어지는 시간과 공간의 압축은 인간 체험을 추상화로 치닫게 한다. 체험의 추상화는 근대 이후의 우리들 일상적 풍경인 것이다. 이 어리석은 행위를 그나마 되살려 주는 것이 시가 아닐까. 과학은 세계에 법칙과 공식 등의 힘으로 껍질만 남기게 하나, 시는 이 힘에 대항하여 다시 '세계의 몸'을 살려낸다.

바슐라르는 『공기와 꿈』에서 시의 본질을 새로운 이미지들에 대한 갈망이라고 말한다. 그의 말은 시의 본질에 대해 많은 생각을 하게끔 한다. 이때까지 많은 문예학자들이 시의 본질에 대해 장르적 관점에서 '회감'이니, '대상의 내면화'니, '세계의 자아화'니, '자아와 세계의 동일성'이니 하며 개념적 정의를 하였지만 바슐라르처럼 직관적인 정의를 하지는 않았다. 바슐라르의 정의는 인간 존재의 어떤 본질적 국면을 반영하고 있는 것 같아 많은 기이함을 불러일으킨다. 그는 왜 이런 정의를 내렸을까? 그리고 우리 가슴을 들썩이게 하는 이 기이함의 정체는 무엇일까?

위의 말에서 가장 가슴을 울리는 말은 '갈망'이다. 그가 말하는 갈망은 무엇인가? 새로운 이미지란 전제를 두고 볼 때, 현재의 자신이 앞으로 되고 싶은 존재로의 태어남 그것일 것이다. 그것은 사람마다 다르게 나타나겠지만 일차적으로는 물리적 차원의 사회역사적 변신으로, 이차적으로는 관념적 차원의 도덕적 변신으로 드러나는 일이다. 사회적 성공을 통해 자아를 실현하거나, 원만한 도덕적 가치를 터득한 삶은 우리 인간이 꿈꾸는 보편적 소망이다. 그런 점에서 시를 통해 상상한다는 것은 새로운 삶을 향해 도약하는 일이라 할 수 있다. 존재란 상상을 통해 질적 변화를 추구할 수 있기 때문이다. 이 상상이 갈망의 동력을 작품 속에 구체적으로 구현해내고 있는 것으로 볼 수 있는 것이다. 바슐라르의 말은 이와 같은 의미로 볼 수 있다. 그러한 인간의 꿈이 대단히 고귀하기 때문이다. 이번 김희님 시인의 네 번째 시집의 작품들을 읽으면서 바슐라르의 말 보다 더 본질적인 문제가 남아있을 수도 있겠다는 생각을 하게 된다.

정현종 시인은 그의 시 「방문객」에서 "사람이 온다는 것은 실로 어마어마한 일이다" "한 사람의 일생이 오기 때문이다"라고 시를 쓰셨다. 시를 통해 맺어지는 인연, 한 사람의 독자로서 작품을 통해 시인을 알아 간다는 것, 더욱이 대화를 나눌 수 있다는 것은 실로 어마어마한 인연이다.

그러면 김희님 시인이 이번 시집을 통해 보여주는 시적 갈망은 무엇인가? 시적인 것의 공간은 꿈꾸는 것이고 상상력이 지향하는 것이며, 시와 예술의 언어가 그리는 것이기도 하다. 우리는 그것을 통칭해 '시적인 것의 가능성'이라고 해본다. 시적인 것이란 '언어 속에서 예술가의 영감과 직관을 통해 만들어지고 추구되며 표상되고 형상화되는 무엇'이라는 뜻이다. 시적인 것은, 그것이 언어 속에서 상상을 통해 그려진다는 점에서 추상적이다. 그런 점에서 현실적인 것이 아니다. 시가 근본적으로 비유고 암시인 것은 그런 이유에서다. 그러나 시에 현실적인 것이 '배어 있다'는 것도 분명한 사실이다. 이 현실에는 사실적·경험적 내용뿐만 아니라 현실을 넘어선 이념도 들어 있다. 이 이념은 적어도 지금 현실보다는 좀 더 진실 되고 선한 무엇이다. 그런 점에서 그것은 '아름답다'고 할 수 있다. 고대 그리스에서 미美는 곧 선하고 유용한 것이었다. 미는 깊은 의미에서 진실이나 선과 분리되기 어렵다. 김희님 시인의 시적 갈망은 한마디로 '나'를 고백하고 '너머'를 지향하는 새로운 시세계의 창조라고 하겠다. 이번 시집은 자신과 주변의 시간에 대한 성찰로 대부분을 이루고 있다.

먼저 이 시집의 표제시 「보성다원茶園에서」를 살펴보자. '보성다원'은 김희님 시인이 입이 닳도록 자랑하는 향토고향 보성의 트레이드마크다.

삼나무 숲길을 걸어봅니다
흐린 마음이 저절로 맑아집니다
이렇게 명랑해질 수 있다는 것이
푸른 자연의 은혜입니다
오늘도 태양은 떠오르고

그리고 바람이 불고

어쩌면 비가 내릴지도 모르지만

무슨 걱정입니까

비가 내리면 숲은 더 빛나겠지요

나뭇잎지고 하얀 눈꽃이 피면

또 얼마나 맑고 예쁜 모습입니까

언제라도 청정한 향기로 반겨주는

다원의 삼나무숲길을 조용히 걸으면

희망으로 빛나는 어린 새처럼

모든 것에서 첫 마음이 됩니다

– 「보성다원茶園에서」 전문

전라남도 보성군은 최고의 봄 여행지로 손꼽히는 곳이다. 벚꽃이 만개한 길을 따라 걷고, 산과 바다 내음을 맡으며 자연에서 힐링하는 특별한 시간을 가져보면 적격이다. 천년고찰을 품은 벚꽃길 봄날 벚꽃 여행을 만끽하려면 천년고찰 대원사 왕벚꽃나무길이 제격이다. 해마다 봄이 오면 '보성벚꽃축제'가 대원사일원에서 열린다.

전라남도의 남해안 중서부에 위치하고 있는 보성군 해안은 신라통에 속하며 대부분의 지역은 화강편마암으로 되어 있다. 소백산맥에서 갈라져 나온 백이산(伯夷山:584m)·망일봉(望日峰:650m)·존제산(尊帝山:740m)·방장산(方丈山:576m) 등이 남서 북동방향으로 해안을 따라 솟고, 제암산(帝岩山)에서 발원하는 섬진강의 지류 보성강을 사이에 두고 제암·벽옥·천마 등의 여러 산이 솟아 좁은 해안지대와 중앙의 보성강 유역을 제외하고는 대부분이 산으로서 호남지방에서는 운봉雲峰 다음 가는 고지대를 이루고 있다. 보성군의 중앙으로 섬진강의 지류인 보성강이 흐르며 다목적댐인 주암댐이 위치한다. 보성수력발전소가 있다.

현재 보성읍, 벌교읍의 2개 읍과 조성면 등 10개 면으로 이루어져 있다.

보성은 산악이 중첩하여 절경이 많다. 보성만에 위치한 율포栗浦는 백사청송과 천연의 환경이 이상적인 해수욕장으로서 이름이 높다. 이 밖에 보물로 지정된 홍교虹橋가 있으며 명승고적으로 대원사大原寺, 용추폭포, 독립운동가 서재필 박사 사당과 생가 등이 있으며, 한국차박물관, 세계차식물원, 태백산맥문학관, 군립백민미술관, 천연염색공예관, 우종미술관, 채동선음악당, 서편제소리전수관, 보성비봉공룡공원 등 사적과 문화예술의 명소를 두고 있다. 소설 '태백산맥'의 작가 조정래를 선두로 여류시인 문정희를 비롯한 많은 시인, 작가들을 배출하고 있는 것도 보성의 자존심이며 자랑이다.

예전에 문학의 향기 따라 떠나는 남도여행은 보성여관·벌교천·소화의 집…소설속 풍경처럼 지금도 아른거린다. 보성 벌교읍 '태백산맥 문학거리' 조성은 개화기 때 건물로 꾸며 그 시절로 점프하였고 걸쭉한 사투리 주인공들이 어디선가 튀어나올 듯한 술도가 있던 곳 큰 술항아리 그대로 사랑의 은신처 '현부자집'이 눈길을 끌기도 한다.

학창시절 한권 두권 사 모으던 책이 소설 『태백산맥』이다. 누렇게 바래고 바뀐 여러 주인이 여기저기 끄적거려 놓은 낙서까지. 비록 헌책이지만 조정래 작가의 빼어난 언어가 벌교 꼬막처럼 입에 찰싹 달라붙는 문장 하나하나가 국문학을 전공하며 작가를 꿈꾸던 시절 '교과서'이자 보물1호이기도 했다. 지금도 가끔 서재 한곳을 차지한 책들을 보면 그 시절 추억이 떠오르며 부자가 된 듯한 느낌이다.

오는 듯 가는 듯
어디로 흘러가나
남해에서도 흐르고
낙동강에서도 흘러와
끝없는 그리움들이
노을에 붉게 물들어간다
여기엔 지금 네가 있고
몰운대에서 불어오는 바람도
고운 너의 숨결처럼
이토록 상큼하고 청정하여
오래오래 머물고 싶은 것인지
언젠가는 원도 한도 없이
우리 함께 흐를 수 있겠지
너와 나 푸른 가슴으로
아름나운 바다가 되고
이별 없는 바다가 되고
영원한 바다가 되고

– 「다대포 바닷가에서」 전문

'오는 듯 가는 듯/ 어디로 흘러가나/ 남해에서도 흐르고/ 낙동강에서도 흘러와/ 끝없는 그리움들이/ 노을에 붉게 물들어간다'

시인의 시 구절처럼 부산광역시 최남단 다대포는 낙동강이 끝나고 바닷물과 몸을 섞는 포구이면서 남해의 바닷물이 마중물 역할을 맡는 대한민국 국토의 중요한 지점이다.

다대포 해수욕장은 낙동강의 토사가 퇴적되어 형성된 해수욕장으로 길이 850m, 폭 65~330m의 넓은 백사장을 가지고 있으며, 평균수온이 21.6°로 비교적 따뜻하고, 수심이 얕아(해안에서 300m거리의 바다까지도 수심이 1.5m 안팎) 어린이들이 뛰어놀기 좋은 해수욕장이다.

부산의 7장7대七場七臺 중 7장의 하나로 일출과 일몰을 모두 감상할 수 있는 곳이기도 하다. 산책과 가족소풍을 즐기기에 좋으며 세족장, 샤워장, 주차장 등을 비롯한 각종 편의 시설 및 생태탐방로, 잔디광장, 해수천, 체육시설 등을 갖추고 있는 다대포 해변공원은 지난 2015년에 조성되었다.

몰운대(부산시 기념물 제27호)는 낙동강 끝자락에 위치하는 곳으로 바다에서 몰운대를 바라보면 학이 날아가는 형상을 하고 있다.

해류의 영향으로 안개와 구름이 많아 섬이 보이지 않는다 하여 몰운대沒雲臺라는 이름을 가지고 있으며 임진왜란 때 이순신 장군의 선봉장으로 이 곳 앞바다에서 전사한 녹도만호 정운 장군이 몰운대의 '雲'자가 이름의 '運'과 음이 같음을 들어 "내가 여기서 장렬하게 왜놈들과 싸우다 죽을 것이다." 라고 하였다는 고사가 전해지기도 한다. 몰운대에는 부산광역시지정기념물 제20호 정운장군 순의비와 부산광역시지정문화유산 제3호인 다대진 동헌이 위치해 있다.

정운공 순의비는 1972년 6월 26일 부산광역시지정기념물 제20호로 되었으며, 다대동 산 144번지인 몰운대에 위치하고 있다. 이 비의 주인공인 정운鄭運은 1543년(중종38) 훈련원 참군訓練院參軍 응정應禎의 아들로 태어났다. 본관은 하동河東이며 자는 창진昌辰이었다.

1592년(선조 25) 임진왜란 때는 전라좌도 녹도鹿島 만호萬戶에 기용돼 있었다.

이 녹도 만호일 때인 1592년 9월 1일(음력) 이순신장군이 부산포해전에서 일본 병선 400여척과 싸워서 100여척을 격파할 때 이순신 장군의 우부장右部將으로 군사의 맨 앞장에서 분전하다가 적탄을 맞고 순절하였다.

비문에는 정운공이 수군 선봉으로 몰운대 아래서 왜적을 만났을 때 몰운汝雲의 운雲자가 자기 이름자인 운運과 음이 같다하여 이곳에서 죽을 것을 각오하고 분전하다가 순절하였다고 했다. 그러나 충장공 실기(忠壯公 實記 : 정운의 시호는 충장이었다)와 충무공 전서忠武公 全書에는 정운공은 부산포해전에서 순절하였다고 되어 있다. 그동안 비석만 서 있었는데 1974년 부산시가 비각碑閣을 세웠으며, 이 비석은 높이 172cm, 넓이 69cm, 두께 22cm 규모이다.

낙동강 하구 일대에는 '철새도래지'로 널리 알려져 있다. 특히, 낙동강의 넓은 하구에는 사하구 을숙도, 일웅도 등 크고 작은 삼각주가 발달해 있고, 이들 삼각주와 하안河岸 일대에 우거진 줄풀과 갈대의 숲이 무성할 뿐만 아니라 삼각주 주변은 바닷물과 강물이 교차하고 수심이 얕은 갯벌이 넓게 형성되어 많은 프랑크톤과 수서곤충 등이 번식하여 철새의 먹이가 풍부하다.

'너와 나 푸른 가슴으로/ 아름다운 바다가 되고/ 이별 없는 바다가 되고/ 영원한 바다가 되고'

다대포 바닷가에서 시인은 그리움과 희망의 노래를 바람에 띄워 보내리라.

이럴 때 나에게
위로가 되어준 사람이 있어
얼마나 다행입니까
내 말을 조용히 들어주는
그 사람이 있어
얼마나 감사한 일입니까
나도 누구에게
그런 사람이 된다는 것이
얼마나 따뜻한 일입니까
내가 그런 사람이

되어준다는 것이
얼마나 향기로운 일입니까
우리는 서로
그런 사람이 된다는 것에
기쁘게 감사해야합니다
희망으로 행복해야합니다
함께 사랑해야합니다
세상은 잘못 없이 아프면
안 되는 일입니다

— 「그런 사람」 전문

어떤 철학자가 말했습니다.

과거는 이미 지나가버렸으니 후회한들 아무런 의미가 없다.
미래는 아직 오지 않은 현실이므로 공허한 것일 따름이다.
과거나 미래를 생각함이 없이 생생한 지금,
이 순간의 삶에 머물며 모든 대상을 놀이의 대상으로 삼는 어린아이와 같은 존재가 되어보면 어떤가.

시인이 대답했습니다.

'내 말을 소용히 들어주는/ 그 사람이 있이/ 얼마나 감사한 일입니까

나도 누구에게/ 그런 사람이 된다는 것이/ 얼마나 따뜻한 일입니까

　내가 그런 사람이/ 되어준다는 것이/ 얼마나 향기로운 일입니까

　우리는 서로/ 그런 사람이 된다는 것에/ 기쁘게 감사해야합니다

　희망으로 행복해야합니다/ 함께 사랑해야합니다'

　세상은 잘못 없이 아프면 안 되는 일입니다.

　　괜찮다,
　　좋다,
　　걱정마라,
　　하얀 거짓말이
　　할미꽃 등에 피었다
　　보랏빛 꿈들이
　　찬바람 속
　　마른풀잎 같아도
　　꽃 속을 어찌
　　바람인들 알리
　　뿌리에서 피어나는
　　무한한 사랑으로
　　겸허히 머리 숙여
　　기도하는 꽃

　　　　　－「할미꽃」 전문

할미꽃은 우리나라의 봄을 알리는 대표적인 야생화 중 하나로, 고유한 모습과 의미로 많은 이들의 사랑을 받고 있습니다.

이름이 '할미꽃'이라고 붙여진 꽃말의 유래가 있지요.

옛날 깊은 산골에 할머니와 두 손녀가 살고 있었습니다. 두 손녀 중 첫째는 예쁘지만 마음씨가 고약했고, 둘째는 못났지만 마음씨가 굉장히 고왔습니다.

시간이 흘러 시집이 갈 나이가 되었을 때 첫째 손녀는 이웃 동네에 부잣집에 시집을 가게 되었습니다. 둘째 손녀는 원래 살던 집과 멀리 떨어진 곳에 살고 있는 성실한 산지기에게 시집을 가게 되었습니다.

시간이 흘러 할머니가 병이 들고 쇠약해져 혼자 살기가 힘들어져 이웃동네 큰손녀에게 찾아갔습니다. 처음에는 반겼던 큰손녀는 시간이 지나면서 점점 할머니를 귀찮아하고 푸대접하기 시작했습니다.

할머니는 큰손녀 집에서 나와 작은손녀 집으로 향했습니다. 먼 곳 높은 산꼭대기에 사는 작은손녀를 보러 굽이굽이 언덕을 오르다 고갯마루에 쓰러져 그대로 숨을 거두게 되었습니다.

그 자리에서 마치 늙고 병들어 힘없는 할머니와 꼭 닮은 꽃이 피었는데, 그것을 '할미꽃'이라 부르게 되었습니다.

'찬바람 속/ 마른풀잎 같아도/ 꽃 속을 어찌/ 바람인들

알리/ 뿌리에서 피어나는/ 무한한 사랑으로/ 겸허히 머리
숙여/ 기도하는 꽃'

> 굳센 우리민초들의 꽃
> 강물처럼 출렁이는 가슴에서
> 피어나는 향기로운 개화는
> 생동하는 꿈들이 만들어 내는
> 인내의 숭고한 축복
> 혹독했던 비바람을 용서하며
> 하늘의 순리에 순응하는
> 참회와 보속의 붉은 보랏빛 제의로
> 세상을 맑히는 끈끈한 사랑
> 짓밟혀도 하늘 향해 피어나는
> 거룩한 부활의 가시관 꽃
>
> ─「엉겅퀴」 전문

엉겅퀴(thistle)는 국화과에 속하는 여러해살이풀이다. 한
국·일본·중국 북동부에 분포하며, 가시나물·항가새라고도
한다. 높이 50-100cm이고 전체에 흰 털과 더불어 거미줄
같은 털이 있다. 뿌리잎은 꽃필 때까지 남아 있고 줄기잎보
다 크다. 줄기잎은 피침상 타원형으로 깃처럼 갈라지고 밑
은 원대를 감싸며 갈라진 가장자리가 다시 갈라지고 결각
상의 톱니와 더불어 가시가 있다. 꽃은 6-8월에 피고 자주
색에서 적색이다. 총포의 포편은 7-8열로 배열하고 안쪽일
수록 길어진다. 열매는 수과이며 관모는 길이 16-19mm이
다.

연한 식물체와 어린순을 나물로 먹고 성숙한 뿌리를 약으로 쓴다. 약효는 지혈작용이 현저하여 소변출혈·대변출혈·코피·자궁출혈·외상출혈에 활용된다. 특히, 폐결핵에는 진해·거담·흉통을 제거하면서 토혈을 치유하고, 급성전염성 간염에는 항균효과가 있으며 혈압강하 작용도 있다. 민간에서는 뿌리로 술을 담가 신경통·요통의 치료제로 응용하고 있다.

2025년 6월 12일, 한국식품연구원 노화연구단은 엉겅퀴 추출물이 급성호흡곤란증후군(ARDS) 동물 모델에서 폐 손상 완화에 효과를 보였다고 발표하였다. 연구진은 박테리아 독소로 ARDS를 유도한 생쥐에 엉겅퀴 추출물을 투여한 결과, 염증세포 침윤, 폐포벽 비후, 히알린막 형성 등이 억제되었으며, 염증 관련 단백질 복합체(NLRP3 인플라마좀)와 저산소유도인자(HIF1α)의 활성이 동시에 억제된 것으로 확인되었다. 이 연구 결과는 국제학술지 《Phytomedicine》에 게재되었다.

엉겅퀴는 씨로 스스로 번식한다. 생명력, 번식력, 재생력이 아주 강해 별다른 관리가 필요하지 않은 식물이다. 약용 등 특별한 목적으로 재배하지 않는 한 집에서 키우는 경우는 드물다. 줄기를 잘라내어도 뿌리로 월동을 하는 자생력(생명력)이 강한 식물이다. 흔히 엉겅퀴의 강한 생명력과 자생력을 대비하여 우리 민족의 강점으로 시와 문장에서 자주 등장한다.

'굳센 우리민초들의 꽃/ 강물처럼 출렁이는 가슴에서/ 피어나는 향기로운 개화는/ 생동하는 꿈들이 만들어 내는/ 인내의 숭고한 축복'

"사랑해"
세상에 널려있는
가장 흔한 말이다
그렇지만
쉽게 하기 힘든 말이다
가장 듣고 싶은 말이다
내가 누구에게 선뜻 하지 못한 말
누가 나에게 쉽게 해주지 않는 말
하지만
누가 나에게
내가 누구에게
향기로운 이 말을
해줄 수 있고 들을 수 있다는 것은
겨울에 얼음새꽃 피어나듯
온 세상이 환희롭다

　　　　　　　　　　　　　　　　　　－「얼음새꽃 피어나듯」 전문

얼음새꽃, 복수초福壽草는 복福과 장수長壽를, 또는 부유와 행복을 상징하는 대표적인 꽃이다. 이른 봄 산지에서 눈과 얼음 사이를 뚫고 꽃이 핀다고 하여 '얼음새꽃' 눈새기

꽃'이라고 부른다. 새해 들어 가장 먼저 꽃이 핀다고 하여 원일초元日草라고도 부른다. 속명 Adonis는 희랍 신화의 청년 이름에서 유래한 것이며, 종명은 아무르지방에서 자란다는 뜻이다. 꽃은 4월 초순에 피며 지름 3-4cm정도의 황색이고 원줄기 끝에 1개씩 달리며 가지가 갈라져서 2-3개씩 피는 것도 있다.

제주도를 제외한 전국에 자라는 여러해살이풀.

시인은 얼음새꽃·복수초를 '사랑해'라는 향기롭고 소중한 말과 이 세상의 아름다운 환희를 상상하며 시적 기교를 살짝 내보였다.

'누가 나에게/ 내가 누구에게/ 향기로운 이 말을/ 해줄 수 있고 들을 수 있다는 것은/ 겨울에 얼음새꽃 피어나듯/ 온 세상이 환희롭다'

참 좋으신 당신은
참 온화하신 당신은
하늘에서도 웃는 별입니다
세월이 흘러도 우리들 가슴에서
아름다운 희망으로 빛나는 별입니다
모든 사람들이
당신의 빛에 밝아지고
모든 가족들이
당신의 온기가 훈훈해서
화냈던 일을 반성하며

화목으로 즐겁고

고단한 땀을 보람으로 흘립니다

어둠속에서도

희망의 파랑새가 되어주시는 당신

제 옹이진 가슴에

화해의 꽃이 되어주시고

송곳 같은 교만에

겸허의 강물이 되어주십니다

언제나 밝고 맑은 별로 빛나시는

늘 웃고 계시는 김수환 추기경님!

마음이 추워질 때면 더욱 그립습니다

－「김수환 추기경님을 생각합니다」 전문

5·18 망언으로 시대의 아픔에 상처를 주는 사람이 있는 반면 5·18을 가장 쓰라린 아픔으로 기억하며 다독여준 분이 있습니다. 바로 故 김수환 추기경님이지요. 어른이 없는 시대, 혼돈의 시기에 故 김수환 추기경님의 선종 10주기를 맞아서 2019년 2월 16일 명동성당에서는 고인을 그리워하는 추모 물결이 이어지고 있었습니다.

"사랑은 자신을 버리는 것이다. 산다는 것은 사랑을 믿는 것이다."

故 김수환 추기경님은 직접 지은 아호 옹기처럼 모든 이들을 사랑으로 품어내는 넉넉한 그릇이었습니다.

힘없고 가난한 사람들에게는 믿음직한 벗으로 어두운 시

대 불의에 맞서 싸운 이들에게는 버팀목으로 살았습니다.

故 김수환 추기경님이 우리 곁을 떠난 지 10년, 명동성당에서 선종 10주기 추모 미사가 2019년 2월 16일 열렸습니다.

한 사람 한 사람 소중히 여기며 인간 생명의 가치를 그 무엇보다 소중히 여기셨던 추기경님의 뜻이 우리 안에 자라나기를 모두들 희망했습니다.

교회 밖에서도 추모 물결은 이어졌습니다.

고인의 생전 모습을 추억하는 사진전과 미술 전시회 등 다양한 행사에 시민들의 발길이 이어졌습니다. 모두 종교계를 넘어 우리 사회 큰 어른이었던 故 김수환 추기경님을 그리워했습니다.

생각해보면, 우리 사회에서 빛이 되고 빛을 뿌려주는 분이 그 누가 계신지, 그 점이 참 아쉽고 추기경님이 더 그립습니다. 스스로를 바보로 부르며 낮췄고 마지막까지도 감사와 사랑을 이야기한 김수환 추기경님, 그를 따라 살겠다는 사람들이 있는 한 그는 우리 곁에 영원할 것입니다.

'송곳 같은 교만에
겸허의 강물이 되어주십니다
언제나 밝고 맑은 별로 빛나시는
늘 웃고 계시는 김수환 추기경님!
마음이 추워질 때면 더욱 그립습니다'

– 김희님 시인 「김수환 추기경님을 생각합니다」 부분

서로 함께하다보면 닮아간다
자주 함께 어울리다보면
그 사람처럼 될 수도 있다
현명한 인간관계가
내 인생을 좌우 한다
지금 함께 지내고 있는
그 사람과의 관계도
내 삶의 여행길에서
나의 향기로운 숲이 될 수도 있고
나의 어두운 늪이 될 수도 있다
물들기는 쉬워도
얼룩을 지우기는 쉽지 않다

– 「사람과 사람사이」 전문

인용시 「사람과 사람사이」를 감상하며 떠오르는 분이 계신다.

변영로 시인이라고 하면, 많은 사람들은 '논개'와 '술'을 기억할 것이다. 맞는 말이다. 변영로 시인은 "아, 강낭콩꽃보다도 더 푸른 그 물결 위에 양귀비꽃보다도 더 붉은 그 마음 흘러라"는 시 '논개'를 쓴 시인이다. 이 시는 수주樹州 변영로의 대표작으로 임진왜란 때 진주성의 의로운 기생이었던 논개가 촉석루 술자리에서 왜장의 목을 껴안고 남강南江에 몸을 날려 죽은 역사적 사실을 바탕으로 한 작품이다. 3연으로 된 이 시는 비유의 대상들을 한국 고유의 꽃과 열매로부터 가져와 한국의 미와 절조節操를 드러내고 있다.

그리고 주선酒仙이라는 별명이 붙을 정도로 술을 즐겨 마시던 호주가 시인이었다. 그런데 여기에서 끝나면 섭섭하다. 변영로는 생각보다 매력이 무궁무진하다. 먼저, 변영로는 박목월 시인이 가장 좋아하던 절친 시인이었다. '목월木月'이라는 필명도 변영로의 아호 '수주樹州'에서 '나무 목' 부분을 따온 것이다. 박목월 뿐만 아니라 다른 청록파 시인들도 변영로 시인이 참 대단하다고 인정하고 있었다.

초창기 한국 문단에서 활동한 사람 중에는 일본 유학생 출신이 많았다. 해외유학파 지식인들 사이에서 변영로는 유별나게 다른 사람이었다. 그는 서울 토박이에 구한말의 명문 집안 출신이면서, 일본 유학으로 시작하지 않고 이 땅에서 공부한 사람이었다. 거의 독학으로 영어를 습득하였는데 그 수준은 영문시를 창작할 정도였다. 나아가 그가 쓰는 작품은 투철한 민족정신과 아름다운 서정을 동시에 갖추었다. 투철하면 서정적이기 쉽지 않고, 서정적이면 투철하기 쉽지 않다. 그만큼 변영로의 시문은 천재적이었다. 이 천재의 작품이 논개 하나일 수는 없어 여기서는 다른 작품 「꿈 팔아 외롬 사서」의 한 구절을 소개한다.

'꿈 팔아 외롬 사서/ 산골에 사쟀더니/ 뭇새 그 음성 본을 뜨고/ 갓은 꽃 그 모습 자아내니// 이슬, 풀, 그 옷자락 그립다네. …'

꿈같은 사람을 잊으려고 도피했는데 새도 꽃도 방해만 한다는 시다. 꿈과 외로움 사이에 태어나 죽는다니, 천상

시인의 운명을 타고난 수주 변영로 자신을 말하는 듯하다.

　"그 사람과의 관계도/ 내 삶의 여행길에서/ 나의 향기로운 숲이 될 수도 있고/ 나의 어두운 늪이 될 수도 있다/ 물들기는 쉬워도/ 얼룩을 지우기는 쉽지 않다"는 김 시인의 시 구절이 내리는 가을비처럼 가슴을 적시고 있다. 역시 '사람과 사람사이'를 시 문장으로 다독이는 기품이 문정희 시인의 후예답구나.

　　미미한 빛도
　　어둠 속에서는 찬란하다
　　그대가 빛난 것은
　　어둠이 있어 빛나는 것이다
　　양지에서 빛은 희미하다
　　어둠이 없었다면
　　이토록 빛날 수 있었을까
　　그대가 순탄한 삶만을 누렸다면
　　존경으로 빛날 수 있었을까
　　희망의 빛으로 반짝였을까
　　어둠 속에서만이 빛은 눈부시다
　　눈물이 진주로 영롱한 값진 이야기들
　　그래서 여기까지 버틸 수 있었던
　　나에게 머물렀던 어둠에게
　　이제는 따뜻한 화해를

　　　　　　　　　　－「빛과 어둠」 전문

담담함과 초탈함이 느껴지는 아름다운 시다. 이 시를 대하면서 떠오르는 이야기 하나 들려드린다.

조선 후기의 실학자 이덕무는 가난한 서얼 출신으로 정규 교육을 거의 받지 못했으나 스스로의 힘으로 학문을 갈고닦았다. 흔히 '책만 읽는 바보(간서치看書癡)'로 잘 알려졌으나, 지독한 독서 편력만큼이나 시에 대한 열정과 문장 실력, 탐구 정신이 타의 추종을 불허할 만큼 대단했다. 조선의 정경을 그대로 담아낸 '진경 시', 어린아이의 천진함 같은 '동심의 글쓰기', '기궤첨신'이라 평가받은 참신하고 통찰력 있는 수많은 시와 산문을 남겨 멀리 중국까지 이름을 떨쳤고 '한시 4대가'라는 영예로운 호칭을 얻었다. 1792년 개성적인 문체 유행을 금지하는 문체반정에 휘말렸음에도 사후 국가적 차원에서 유고 전집『아정유고雅亭遺稿』가 간행된 대문장가였다.

비난을 환호로 바꾼 이덕무의 힘, 어둠이 짙을수록 별은 더욱 빛나는 법이지요.

이덕무의 시를 혹평한 대표적인 사람은 자패子佩라는 사람이었다.

"비루하구나! 이덕무가 지은 시야말로. 거칠고 서툰 사람의 비루함에 안주하고, 오늘날의 자질구레하고 보잘것없는 풍속과 유행을 즐겨 읊는다. 지금의 시일 뿐 옛 시는 아니다."는 자패의 트집 같은 행태.

18세기 조선의 문인 연암 박지원은 자패의 혹평을 도리

어 역으로 비판하면서, "이덕무의 시는 오늘날 조선의 풍속과 유행을 읊고 있기 때문에, 만약 공자가 살아 돌아와 다시 시의 경전인 『시경詩經』을 편찬하는 작업을 한다면 반드시 이덕무의 시를 채록할 것"이라고 역설했다. 어둠에 대한 빛의 대변이라고 할까. 요즘 우리 문단에도 이런 경향이 더러 나타난다. 시를 사랑하는 만큼 경각심을 가져야겠다.

날마다 온유한 삶을 살기 위하여,
불안과 걱정에서 자유롭기 위하여,
좋은 글과 좋은 말씀을 귀담아 들으며
특별하지 않는 오늘에 감사드린다
이른 새벽에 눈을 뜨니 밖은 아직 어두운데
숲에서 들려오는 풀벌레들의 소리가 정겹다
일찍 일어난 것일까 밤을 샌 것일까
이럴 때 자연의 속삭임마저 없다면
이 시간이 얼마나 적막할까
이 공간이 얼마나 무거울까
생명의 맑은소리가 위안이 되고
작은 것들이 정겹고 예쁘다
오늘도 이렇게 하루가 열리고
나는 주어진 오늘에 충실하면서
어느 시간에 어느 공간에서
또 아름다운 것에서 위로를 받고 힘을 얻고
반성을 하며 순하게 지내게 될까
서로에게 따뜻한 존재가 되어준다는 것은
하느님 보시기에도 좋은 모습이겠지

좋은 모습은 좋은 관계를 만들고
좋은 시간들을 서로 공유하며
좋은 질서를 지켜 나아가는 것이니까
내 소소한 배려의 언어 하나하나가
누군가에게는 잔잔한 위로가 될 수도 있다는
착해진 마음으로 활짝 창문을 열면
평범한 오늘이 고맙고 소중하다
새 날이 평온하게 밝아온다

– 「새벽 기도」 전문

성서에서 새벽은 하느님의 임재와 역사하심을 상징하는 중요한 시간으로 등장한다. 새벽은 새로운 시작과 소망을 의미하며, 하느님을 찾는 자들에게 기도의 시간으로 강조된다. 또한 하느님께서는 새벽에 역사하시고, 그의 은혜와 구원을 나타내신다.

많은 신앙인들이 새벽에 기도하며 하느님의 인도하심을 구했고, 예수님도 새벽에 하느님과 교제하며 기도하셨다. 새벽은 영적으로도 매우 중요한 의미를 가지며, 하느님과의 친밀한 교제를 위한 최적의 시간으로 성경에서도 강조되고 있다.

새벽은 하느님과의 관계를 새롭게 하고, 영적 회복을 경험하는 시간이라고 생각하는 것이다.

'날마다 온유한 삶을 살기 위하여,/ 불안과 걱정에서 자유롭기 위하여,/ 좋은 글과 좋은 말씀을 귀담아 들으며/ 특

별하지 않는 오늘에 감사드린다'

　김희님 시인은 신심이 돈독하고 확고부동한 가톨릭 신자
다. 오랜 세월동안 독서와 명상과 기도로 신심을 다진 결과
는 그동안 네 권의 시집과 발표된 여러 창작품에서 명확하
게 나타난다. 착해진 마음으로 활짝 열린 새벽기도의 표징
이리라.

　'내 소소한 배려의 언어 하나하나가/ 누군가에게는 잔잔
한 위로가 될 수도 있다는/착해진 마음으로 활짝 창문을
열면/ 평범한 오늘이 고맙고 소중하다/ 새 날이 평온하게
밝아온다'

　　땀으로 익어진 여문 보람으로
　　당신을 생각하면 기쁨이 넘칩니다
　　제 곁을 떠나지 않고 지켜주신
　　당신을 생각하면 행복이 가득합니다
　　섣불리 익어지지 않도록 잘 다독거려주신
　　당신을 생각하면 감사함이 샘솟아납니다
　　물러져서 터져버리지 않게 제 손을 꼭 잡아주신
　　당신을 생각하면 포근하여 평온합니다
　　하마터면 긴 장마와 긴 폭염으로
　　낙화하여 꽃도 피우지 못할 뻔 했습니다
　　싱그러운 푸른 잎이 다 녹아버릴 뻔 했습니다
　　만약 당신이 제 곁에 계시지 않았다면
　　청명한 이 가을에 맑은 하늘빛으로

단 하나이신 빛나는 당신의 사랑을

이토록 즐겁게 노래할 수 있겠나요

좋으신 당신의 지극하신 사랑에 감사드립니다

　　　　　　　　　　　　　　　　－「가을」 전문

"절망은 희망처럼 허망하다." 중국의 대문호 루쉰의 말이다.

삶이란 희망과 절망의 롤러코스터다. 만약 절망이 허망한 것처럼 희망도 허망한 것이라면, 희망이 실체가 없는 것처럼 절망도 실체가 없다. 희망도 없고 절망도 없다면 어떻게 해야 할까? 희망을 품지도 말고 절망할 필요도 없이 당당하고 의기양양하게 자신의 길을 가면 된다. 여기 희망과 절망을 넘어 자신의 삶을 거침없이 살다간 조선 최초의 모더니스트가 있다. 이덕무-. 사상적으로는 북학파, 문학적으로는 백탑파로 조선 최초로 청나라의 근대적 지식을 받아들였으며 성리학적 규범의 문장을 버리고 동심과 개성과 실험과 일상과 조선의 시를 썼다.

해가 서산으로 넘어가려는 때를 해질 녘이라고 한다. 빈센트 반 고흐의 그림 중에는 유독 이때를 그린 작품이 많다. 그저 풍경일 뿐인데 해질 녘을 따라삽는 고흐의 시선은 슬프고 서럽기까지 하다. 고흐가 서러운 것인지 해질 녘이 서러운 것인지 알 수 없지만, 밝지도 어둡지도 않은 이 시간의 정취가 특별한 것은 확실하다. 집에 가려고 새들도 날아오르고 들판에 매어 놓은 염소와 소도 울어댄다. 사람도 동물의 하나라서, 누가 일러주지 않아도 해질 녘을 알아본다. 돌아갈 곳 없고, 돌아갈 일 없는 사람들의 마음마저 동요를 일으킨다. 어서 집에 가자. 따뜻한 집으로 그리운 사람을 만나러 가자. 해질 녘은 이런 마음을 불러일으킨다.

김희님 시인의 작품도 이 시간과 이런 마음에서 시작된다. 그런데 돌아와야 할 시간이고, 돌아와야 할 사람인데 오지를 않는다. 오지 않는 그 사람이 얼마나 보고 싶은지 산도 돌아앉아 기다리고 있다. 어제도 안 왔고, 오늘도 안 오고, 영영 못 올 사람이라고 해도 여전히 기다리는 마음을 일러 우리는 '그리움'이라고 부른다. 시인은 진한 그리움을 청명한 '가을'을 바라보며 저토록 뜨겁게 그려 놓았다. 그것은 시인만의 몫은 아닐 것이다. 같은 마음은 우리에게도 있으니. 게다가 희망찬 이 땅의 시월이다. 이 가을, 그리움과 작은 소망은 우리 모두의 몫이다. '좋으신 당신의 지극하신 사랑에' 감사드리자.

이번 시집의 작품을 감상하며 앞에서 살펴본 바와 같이 김희님 시인의 네 번째 시집『보성다원茶園에서』는 부산문단의 중견시인으로서, 한편으로는 연륜이 무르익어가는 여류시인으로서 새로운 역할을 바라보게 된 것 같다.

결론적으로, 가장 작은 것의 위대한 힘. 시인은 그 힘의 실체가 시에 있어 얼마나 중요한 역할을 하고 있는지를 충분히 간파하고 있을 것이다. 이제 시인의 상상력은 그 너머를 읽고 있다. 여기에 김희님 시인의 시 쓰기의 독특한 면이 있다. 요컨대 시집『보성다원茶園에서』는 시인의 직관력이 사실적이고 극도로 절제된 언어의 긴장을 통해 품격 높은 서정의 다른 차원을 보여주고 있다는 점에서 그 의미를 찾을 수 있으리라 본다. '자기 목소리'의 안정과 부산문단의 화합을 위해 헌신하며 더욱 정진해 주시기를 당부 드린다.

【변종환】

• 현) 부산진구문화예술인협의회 회장, 한국현대문학작가연대 부이사장,
  한국현대시인협회 이사, (재) 부산진문화새단 이사
• 부산시인협회 제10대 회장, 부산광역시문인협회 제16대 회장,
  한국문인협회 이사, 국제PEN한국본부 이사, 부산예총 감사 등 역임
• 시집『水平線 너머』(1967·親學社)『우리 어촌계장 박씨』『풀잎의 잠』
  『송천리에서 쓴 편지』『풀잎의 고요』『겨울 운주사에서』
  『멀리서 오는 것들』『행복한 여행』 등 9권
• 산문집『餘滴』『釜山詩文學史』 등 4권

보성다원茶園에서

김희님 시집

초판 1쇄 인쇄 | 2025년 11월 10일
초판 1쇄 발행 | 2025년 11월 20일

지은이 | 김희님
펴낸이 | 최장락
펴낸곳 | 도서출판 두손컴
주   소 | 부산광역시 부산진구 부전로 35, 301호(부전동, 삼성빌딩)
전   화 | (051)805-8002 팩스 : (051)805-8045
이메일 | doosoncomm@daum.net
출판등록 제329-1997-13호

ⓒ김희님 2025
값 10,000원

ISBN 979-11-91263-99-2   03810

*2025년 부산진구 문화예술 창작집 발간 보상금을 일부 지원받아 제작 되었습니다.